THE FREELANCER'S BUSINESS PLANNER

STARTUP CHECKLIST..1

INCOME + EXPENSE TRACKERS...2

ANNUAL OVERVIEW...51

TAX TRACKER..52

BILL TRACKERS...53

MILEAGE TRACKERS...57

PROJECT TIMESHEETS 69

INVOICE LOG...93

Copyright © 2019 by Caitlin Cahill. All Rights Reserved.

All rights reserved. No part of this book may be reproduced in any form or by any electronic or mechanical means including information storage andretrieval systems, without permission in writing from the author.

For a printable version and other goodies, visit my website at caitlincahill.com.

Printed in the United States of America
First Printing: July 2019
ISBN-13 9781079017540

free•lanc•er
/frēlansər/ n.

A crazy person willing to work 80 hours a week to avoid working 40 hours for someone else.

BUSINESS STARTUP CHECKLIST

Be sure to check that your desired business name is 1) available in your state and 2) not trademarked, before you register a domain name, create social media accounts, etc.

LEGAL

Done?	Account	ID / Number
	Federal Tax ID Number	
	State Business Registration (LLC, DBA, etc.)	
	State Business License	
	Sales Tax Registration	
	Liability Insurance	

BANKING

Done?	Account	Bank	Account #
	Business Checking Account		
	Business Credit Card		

COMMUNICATION

Done?		Provider	Account Username
	Domain Name		
	Email Address		
	Website		

SOCIAL MEDIA

Done?	Account	Username
	Facebook Page	
	Instagram Account	
	Twitter Account	
	Pinterest Account	

CATEGORY INDEX

	Income Categories
1	
2	
3	
4	
5	
6	
7	
8	
9	
10	
11	
12	
13	
14	
15	

	Expense Categories
1	
2	
3	
4	
5	
6	
7	
8	
9	
10	
11	
12	
13	
14	
15	

COMMON EXPENSE CATEGORIES

- Accounting
- Advertising
- Client Entertainment
- Cost of Goods
- Communications (Telephone, Internet)
- Contract Labor
- Education /Training
- Equipment
- Insurance
- Interest
- Legal
- Maintenance

- Meals
- Office
- Professional Dues
- Rent
- Shipping & Delivery
- Supplies
- Taxes & Licenses
- Travel
- Utilities
- Vehicle
- Wages

The Freelancer's Business Planner

INCOME

Date	Income	Category	Method	Amount
/ /				
/ /				
/ /				
/ /				
/ /				
/ /				
/ /				
/ /				
/ /				
/ /				
/ /				
/ /				
/ /				
/ /				
/ /				
/ /				
/ /				
/ /				
/ /				
/ /				
/ /				
/ /				
/ /				
/ /				
/ /				

Total

The Freelancer's Business Planner

EXPENSES

Date	Expense	Category	Method	Amount	
/ /					
/ /					
/ /					
/ /					
/ /					
/ /					
/ /					
/ /					
/ /					
/ /					
/ /					
/ /					
/ /					
/ /					
/ /					
/ /					
/ /					
/ /					
/ /					
/ /					
/ /					
/ /					
/ /					
/ /					
				Total	

The Freelancer's Business Planner

EXPENSES

Date	Expense	Category	Method	Amount
/ /				
/ /				
/ /				
/ /				
/ /				
/ /				
/ /				
/ /				
/ /				
/ /				
/ /				
/ /				
/ /				
/ /				
/ /				
/ /				
/ /				
/ /				
/ /				
/ /				
/ /				
/ /				

	Subtotal	
	Previous Total	
	Total	

MONTHLY SUMMARY | *January*

Income by Category

#			
1			
2			
3			
4			
5			
6			
7			
8			
9			
10			
11			
12			
13			
14			
15			
Misc.			
	Total Income		

Expenses by Category

#			
1			
2			
3			
4			
5			
6			
7			
8			
9			
10			
11			
12			
13			
14			
15			
Misc.			
	Total Expenses		

Total Income	
- Total Expenses	
Net Income	
- Taxed Income	
Taxable Income	
x Tax Rate ( )	
Taxes Owed	

The Freelancer's Business Planner

INCOME

Date	Income	Category	Method	Amount
/ /				
/ /				
/ /				
/ /				
/ /				
/ /				
/ /				
/ /				
/ /				
/ /				
/ /				
/ /				
/ /				
/ /				
/ /				
/ /				
/ /				
/ /				
/ /				
/ /				
/ /				
/ /				
/ /				
/ /				
			Total	

The Freelancer's Business Planner

EXPENSES

Date	Expense	Category	Method	Amount	
/ /					
/ /					
/ /					
/ /					
/ /					
/ /					
/ /					
/ /					
/ /					
/ /					
/ /					
/ /					
/ /					
/ /					
/ /					
/ /					
/ /					
/ /					
/ /					
/ /					
/ /					
/ /					
/ /					
/ /					
				Total	

The Freelancer's Business Planner

EXPENSES

Date	Expense	Category	Method	Amount	
/ /					
/ /					
/ /					
/ /					
/ /					
/ /					
/ /					
/ /					
/ /					
/ /					
/ /					
/ /					
/ /					
/ /					
/ /					
/ /					
/ /					
/ /					
/ /					
/ /					

Subtotal
Previous Total
Total

MONTHLY SUMMARY | *February*

	Income by Category		
1			
2			
3			
4			
5			
6			
7			
8			
9			
10			
11			
12			
13			
14			
15			
Misc.			
	Total Income		

	Expenses by Category		
1			
2			
3			
4			
5			
6			
7			
8			
9			
10			
11			
12			
13			
14			
15			
Misc.			
	Total Expenses		

Total Income	
- Total Expenses	
Net Income	
- Taxed Income	
Taxable Income	
x Tax Rate ( )	
Taxes Owed	

The Freelancer's Business Planner

INCOME

Date	Income	Category	Method	Amount
/ /				
/ /				
/ /				
/ /				
/ /				
/ /				
/ /				
/ /				
/ /				
/ /				
/ /				
/ /				
/ /				
/ /				
/ /				
/ /				
/ /				
/ /				
/ /				
/ /				
/ /				
/ /				
/ /				
/ /				
			Total	

EXPENSES

Date	Expense	Category	Method	Amount
/ /				
/ /				
/ /				
/ /				
/ /				
/ /				
/ /				
/ /				
/ /				
/ /				
/ /				
/ /				
/ /				
/ /				
/ /				
/ /				
/ /				
/ /				
/ /				
/ /				
/ /				
/ /				
/ /				
/ /				
			Total	

EXPENSES

Date	Expense	Category	Method	Amount
/ /				
/ /				
/ /				
/ /				
/ /				
/ /				
/ /				
/ /				
/ /				
/ /				
/ /				
/ /				
/ /				
/ /				
/ /				
/ /				
/ /				
/ /				
/ /				
/ /				
/ /				
/ /				

Subtotal
Previous Total
Total

MONTHLY SUMMARY | *March*

	Income by Category		
1			
2			
3			
4			
5			
6			
7			
8			
9			
10			
11			
12			
13			
14			
15			
Misc.			
	Total Income		

	Expenses by Category		
1			
2			
3			
4			
5			
6			
7			
8			
9			
10			
11			
12			
13			
14			
15			
Misc.			
	Total Expenses		

Total Income	
- Total Expenses	
Net Income	
- Taxed Income	
Taxable Income	
x Tax Rate ( )	
Taxes Owed	

The Freelancer's Business Planner

INCOME

Date	Income	Category	Method	Amount
/ /				
/ /				
/ /				
/ /				
/ /				
/ /				
/ /				
/ /				
/ /				
/ /				
/ /				
/ /				
/ /				
/ /				
/ /				
/ /				
/ /				
/ /				
/ /				
/ /				
/ /				
/ /				
/ /				
/ /				
/ /				
			Total	

EXPENSES

Date	Expense	Category	Method	Amount	
/ /					
/ /					
/ /					
/ /					
/ /					
/ /					
/ /					
/ /					
/ /					
/ /					
/ /					
/ /					
/ /					
/ /					
/ /					
/ /					
/ /					
/ /					
/ /					
/ /					
/ /					
/ /					
/ /					
				Total	

The Freelancer's Business Planner

EXPENSES

Date	Expense	Category	Method	Amount
/ /				
/ /				
/ /				
/ /				
/ /				
/ /				
/ /				
/ /				
/ /				
/ /				
/ /				
/ /				
/ /				
/ /				
/ /				
/ /				
/ /				
/ /				
/ /				
/ /				
/ /				
/ /				
/ /				

	Subtotal	
	Previous Total	
	Total	

MONTHLY SUMMARY | *April*

	Income by Category		
1			
2			
3			
4			
5			
6			
7			
8			
9			
10			
11			
12			
13			
14			
15			
Misc.			
	Total Income		

	Expenses by Category		
1			
2			
3			
4			
5			
6			
7			
8			
9			
10			
11			
12			
13			
14			
15			
Misc.			
	Total Expenses		

Total Income	
- Total Expenses	
Net Income	
- Taxed Income	
Taxable Income	
x Tax Rate ( )	
Taxes Owed	

The Freelancer's Business Planner

INCOME

Date	Income	Category	Method	Amount
/ /				
/ /				
/ /				
/ /				
/ /				
/ /				
/ /				
/ /				
/ /				
/ /				
/ /				
/ /				
/ /				
/ /				
/ /				
/ /				
/ /				
/ /				
/ /				
/ /				
/ /				
/ /				
/ /				
/ /				
			Total	

EXPENSES

Date	Expense	Category	Method	Amount	
/ /					
/ /					
/ /					
/ /					
/ /					
/ /					
/ /					
/ /					
/ /					
/ /					
/ /					
/ /					
/ /					
/ /					
/ /					
/ /					
/ /					
/ /					
/ /					
/ /					
/ /					
/ /					
				Total	

EXPENSES

Date	Expense	Category	Method	Amount	
/ /					
/ /					
/ /					
/ /					
/ /					
/ /					
/ /					
/ /					
/ /					
/ /					
/ /					
/ /					
/ /					
/ /					
/ /					
/ /					
/ /					
/ /					
/ /					
/ /					
/ /					

	Subtotal	
	Previous Total	
	Total	

MONTHLY SUMMARY | May

	Income by Category		
1			
2			
3			
4			
5			
6			
7			
8			
9			
10			
11			
12			
13			
14			
15			
Misc.			
	Total Income		

	Expenses by Category		
1			
2			
3			
4			
5			
6			
7			
8			
9			
10			
11			
12			
13			
14			
15			
Misc.			
	Total Expenses		

Total Income	
- Total Expenses	
Net Income	
- Taxed Income	
Taxable Income	
x Tax Rate ( )	
Taxes Owed	

The Freelancer's Business Planner

INCOME

Date	Income	Category	Method	Amount
/ /				
/ /				
/ /				
/ /				
/ /				
/ /				
/ /				
/ /				
/ /				
/ /				
/ /				
/ /				
/ /				
/ /				
/ /				
/ /				
/ /				
/ /				
/ /				
/ /				
/ /				
/ /				
/ /				
			Total	

EXPENSES

Date	Expense	Category	Method	Amount
/ /				
/ /				
/ /				
/ /				
/ /				
/ /				
/ /				
/ /				
/ /				
/ /				
/ /				
/ /				
/ /				
/ /				
/ /				
/ /				
/ /				
/ /				
/ /				
/ /				
/ /				
/ /				
/ /				
			Total	

EXPENSES

Date	Expense	Category	Method	Amount
/ /				
/ /				
/ /				
/ /				
/ /				
/ /				
/ /				
/ /				
/ /				
/ /				
/ /				
/ /				
/ /				
/ /				
/ /				
/ /				
/ /				
/ /				
/ /				
/ /				
/ /				
/ /				

Subtotal	
Previous Total	
Total	

MONTHLY SUMMARY | *June*

	Income by Category		
1			
2			
3			
4			
5			
6			
7			
8			
9			
10			
11			
12			
13			
14			
15			
Misc.			
	Total Income		

	Expenses by Category		
1			
2			
3			
4			
5			
6			
7			
8			
9			
10			
11			
12			
13			
14			
15			
Misc.			
	Total Expenses		

Total Income	
- Total Expenses	
Net Income	
- Taxed Income	
Taxable Income	
x Tax Rate ( )	
Taxes Owed	

The Freelancer's Business Planner

INCOME

Date	Income	Category	Method	Amount
/ /				
/ /				
/ /				
/ /				
/ /				
/ /				
/ /				
/ /				
/ /				
/ /				
/ /				
/ /				
/ /				
/ /				
/ /				
/ /				
/ /				
/ /				
/ /				
/ /				
/ /				
/ /				
/ /				
			Total	

EXPENSES

Date	Expense	Category	Method	Amount
/ /				
/ /				
/ /				
/ /				
/ /				
/ /				
/ /				
/ /				
/ /				
/ /				
/ /				
/ /				
/ /				
/ /				
/ /				
/ /				
/ /				
/ /				
/ /				
/ /				
/ /				
/ /				
			Total	

EXPENSES

Date	Expense	Category	Method	Amount
/ /				
/ /				
/ /				
/ /				
/ /				
/ /				
/ /				
/ /				
/ /				
/ /				
/ /				
/ /				
/ /				
/ /				
/ /				
/ /				
/ /				
/ /				
/ /				
/ /				
/ /				
/ /				

Subtotal

Previous Total

Total

MONTHLY SUMMARY | *July*

	Income by Category		
1			
2			
3			
4			
5			
6			
7			
8			
9			
10			
11			
12			
13			
14			
15			
Misc.			
	Total Income		

	Expenses by Category		
1			
2			
3			
4			
5			
6			
7			
8			
9			
10			
11			
12			
13			
14			
15			
Misc.			
	Total Expenses		

Total Income	
- Total Expenses	
Net Income	
- Taxed Income	
Taxable Income	
x Tax Rate ( )	
Taxes Owed	

The Freelancer's Business Planner

INCOME

Date	Income	Category	Method	Amount
/ /				
/ /				
/ /				
/ /				
/ /				
/ /				
/ /				
/ /				
/ /				
/ /				
/ /				
/ /				
/ /				
/ /				
/ /				
/ /				
/ /				
/ /				
/ /				
/ /				
/ /				
/ /				
/ /				
/ /				
			Total	

EXPENSES

Date	Expense	Category	Method	Amount	
/ /					
/ /					
/ /					
/ /					
/ /					
/ /					
/ /					
/ /					
/ /					
/ /					
/ /					
/ /					
/ /					
/ /					
/ /					
/ /					
/ /					
/ /					
/ /					
/ /					
/ /					
/ /					
/ /					
/ /					
				Total	

EXPENSES

Date	Expense	Category	Method	Amount
/ /				
/ /				
/ /				
/ /				
/ /				
/ /				
/ /				
/ /				
/ /				
/ /				
/ /				
/ /				
/ /				
/ /				
/ /				
/ /				
/ /				
/ /				
/ /				
/ /				
/ /				
/ /				
/ /				

	Subtotal	
	Previous Total	
	Total	

MONTHLY SUMMARY | *August*

	Income by Category		
1			
2			
3			
4			
5			
6			
7			
8			
9			
10			
11			
12			
13			
14			
15			
Misc.			
	Total Income		

	Expenses by Category		
1			
2			
3			
4			
5			
6			
7			
8			
9			
10			
11			
12			
13			
14			
15			
Misc.			
	Total Expenses		

Total Income	
- Total Expenses	
Net Income	
- Taxed Income	
Taxable Income	
x Tax Rate ( )	
Taxes Owed	

The Freelancer's Business Planner

INCOME

Date	Income	Category	Method	Amount
/ /				
/ /				
/ /				
/ /				
/ /				
/ /				
/ /				
/ /				
/ /				
/ /				
/ /				
/ /				
/ /				
/ /				
/ /				
/ /				
/ /				
/ /				
/ /				
/ /				
/ /				
/ /				
/ /				
/ /				
			Total	

EXPENSES

Date	Expense	Category	Method	Amount
/ /				
/ /				
/ /				
/ /				
/ /				
/ /				
/ /				
/ /				
/ /				
/ /				
/ /				
/ /				
/ /				
/ /				
/ /				
/ /				
/ /				
/ /				
/ /				
/ /				
/ /				
/ /				
/ /				
			Total	

The Freelancer's Business Planner

EXPENSES

Date	Expense	Category	Method	Amount	
/ /					
/ /					
/ /					
/ /					
/ /					
/ /					
/ /					
/ /					
/ /					
/ /					
/ /					
/ /					
/ /					
/ /					
/ /					
/ /					
/ /					
/ /					
/ /					
/ /					
/ /					
/ /					

	Subtotal	
	Previous Total	
	Total	

MONTHLY SUMMARY | *September*

	Income by Category		
1			
2			
3			
4			
5			
6			
7			
8			
9			
10			
11			
12			
13			
14			
15			
Misc.			
	Total Income		

	Expenses by Category		
1			
2			
3			
4			
5			
6			
7			
8			
9			
10			
11			
12			
13			
14			
15			
Misc.			
	Total Expenses		

Total Income	
- Total Expenses	
Net Income	
- Taxed Income	
Taxable Income	
x Tax Rate ( )	
Taxes Owed	

The Freelancer's Business Planner

INCOME

Date	Income	Category	Method	Amount
/ /				
/ /				
/ /				
/ /				
/ /				
/ /				
/ /				
/ /				
/ /				
/ /				
/ /				
/ /				
/ /				
/ /				
/ /				
/ /				
/ /				
/ /				
/ /				
/ /				
/ /				
/ /				
/ /				
/ /				
/ /				
			Total	

The Freelancer's Business Planner

EXPENSES

Date	Expense	Category	Method	Amount	
/ /					
/ /					
/ /					
/ /					
/ /					
/ /					
/ /					
/ /					
/ /					
/ /					
/ /					
/ /					
/ /					
/ /					
/ /					
/ /					
/ /					
/ /					
/ /					
/ /					
/ /					
/ /					
/ /					
				Total	

EXPENSES

Date	Expense	Category	Method	Amount	
/ /					
/ /					
/ /					
/ /					
/ /					
/ /					
/ /					
/ /					
/ /					
/ /					
/ /					
/ /					
/ /					
/ /					
/ /					
/ /					
/ /					
/ /					
/ /					
/ /					
/ /					
/ /					

Subtotal		
Previous Total		
Total		

MONTHLY SUMMARY | *October*

	Income by Category		
1			
2			
3			
4			
5			
6			
7			
8			
9			
10			
11			
12			
13			
14			
15			
Misc.			
	Total Income		

	Expenses by Category		
1			
2			
3			
4			
5			
6			
7			
8			
9			
10			
11			
12			
13			
14			
15			
Misc.			
	Total Expenses		

Total Income	
- Total Expenses	
Net Income	
- Taxed Income	
Taxable Income	
x Tax Rate ( )	
Taxes Owed	

The Freelancer's Business Planner

INCOME

Date	Income	Category	Method	Amount
/ /				
/ /				
/ /				
/ /				
/ /				
/ /				
/ /				
/ /				
/ /				
/ /				
/ /				
/ /				
/ /				
/ /				
/ /				
/ /				
/ /				
/ /				
/ /				
/ /				
/ /				
/ /				
/ /				
/ /				
			Total	

EXPENSES

Date	Expense	Category	Method	Amount
/ /				
/ /				
/ /				
/ /				
/ /				
/ /				
/ /				
/ /				
/ /				
/ /				
/ /				
/ /				
/ /				
/ /				
/ /				
/ /				
/ /				
/ /				
/ /				
/ /				
/ /				
/ /				
			Total	

EXPENSES

Date	Expense	Category	Method	Amount	
/ /					
/ /					
/ /					
/ /					
/ /					
/ /					
/ /					
/ /					
/ /					
/ /					
/ /					
/ /					
/ /					
/ /					
/ /					
/ /					
/ /					
/ /					
/ /					
/ /					

	Subtotal	
	Previous Total	
	Total	

The Freelancer's Business Planner

MONTHLY SUMMARY | *November*

	Income by Category		
1			
2			
3			
4			
5			
6			
7			
8			
9			
10			
11			
12			
13			
14			
15			
Misc.			
	Total Income		

	Expenses by Category		
1			
2			
3			
4			
5			
6			
7			
8			
9			
10			
11			
12			
13			
14			
15			
Misc.			
	Total Expenses		

Total Income	
- Total Expenses	
Net Income	
- Taxed Income	
Taxable Income	
x Tax Rate ( )	
Taxes Owed	

The Freelancer's Business Planner

INCOME

Date	Income	Category	Method	Amount
/ /				
/ /				
/ /				
/ /				
/ /				
/ /				
/ /				
/ /				
/ /				
/ /				
/ /				
/ /				
/ /				
/ /				
/ /				
/ /				
/ /				
/ /				
/ /				
/ /				
/ /				
/ /				
/ /				
/ /				
			Total	

EXPENSES

Date	Expense	Category	Method	Amount
/ /				
/ /				
/ /				
/ /				
/ /				
/ /				
/ /				
/ /				
/ /				
/ /				
/ /				
/ /				
/ /				
/ /				
/ /				
/ /				
/ /				
/ /				
/ /				
/ /				
/ /				
/ /				
/ /				
			Total	

The Freelancer's Business Planner

EXPENSES

Date	Expense	Category	Method	Amount	
/ /					
/ /					
/ /					
/ /					
/ /					
/ /					
/ /					
/ /					
/ /					
/ /					
/ /					
/ /					
/ /					
/ /					
/ /					
/ /					
/ /					
/ /					
/ /					
/ /					
/ /					

Subtotal

Previous Total

Total

MONTHLY SUMMARY | *December*

	Income by Category		
1			
2			
3			
4			
5			
6			
7			
8			
9			
10			
11			
12			
13			
14			
15			
Misc.			
	Total Income		

	Expenses by Category		
1			
2			
3			
4			
5			
6			
7			
8			
9			
10			
11			
12			
13			
14			
15			
Misc.			
	Total Expenses		

Total Income	
- Total Expenses	
Net Income	
- Taxed Income	
Taxable Income	
x Tax Rate ( )	
Taxes Owed	

The Freelancer's Business Planner

ANNUAL OVERVIEW

	JAN	FEB	MAR	APR	MAY	JUN	JUL	AUG	SEP	OCT	NOV	DEC
I												
E												
N												

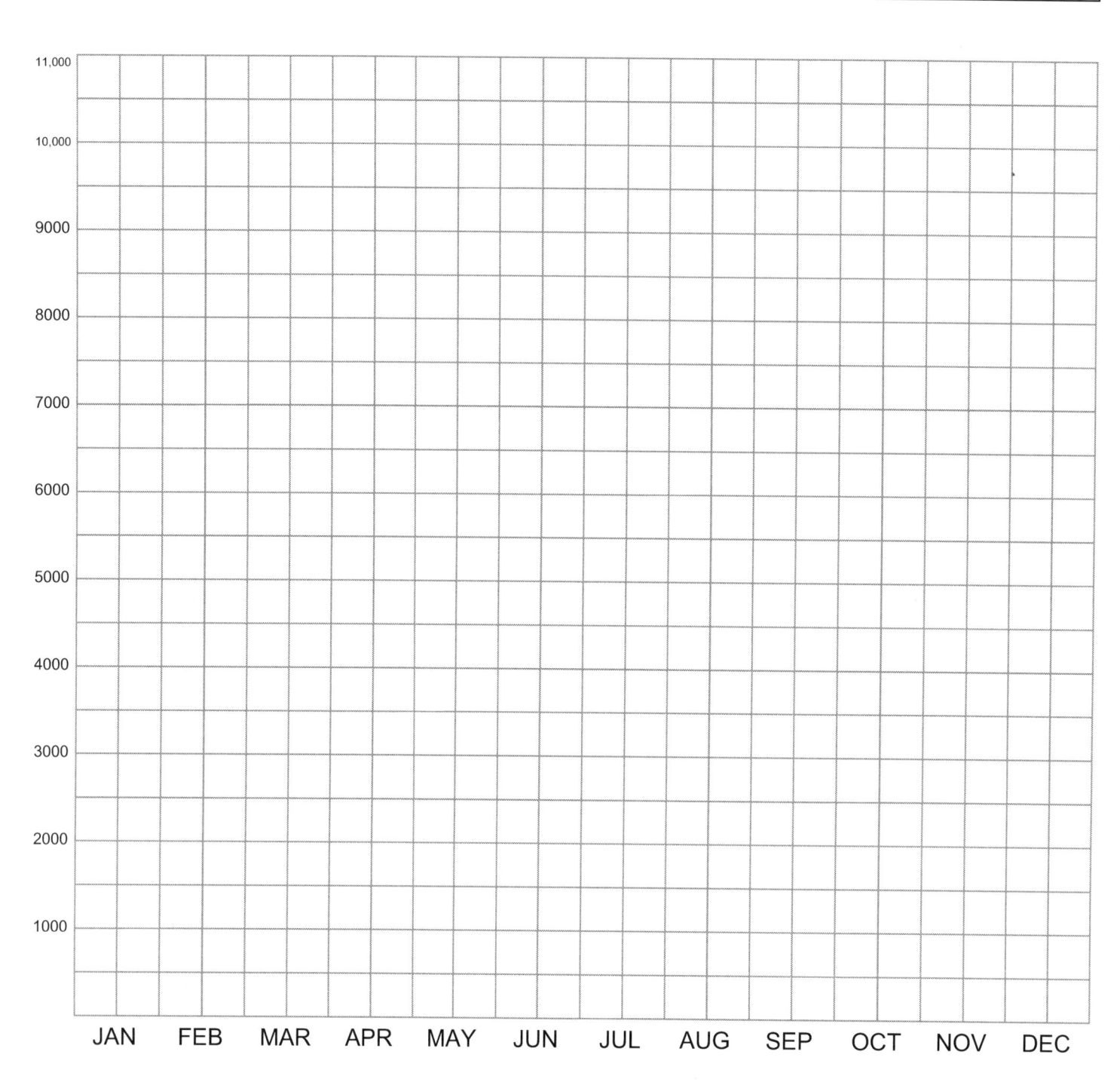

SELF-EMPLOYMENT TAXES

FEDERAL

Quarter 1 (Due /)	
Amount	
Date Paid	

| Saved | JAN | FEB | MAR |

Quarter 2 (Due /)	
Amount	
Date Paid	

| Saved | APR | MAY | JUN |

Quarter 3 (Due /)	
Amount	
Date Paid	

| Saved | JUL | AUG | SEP |

Quarter 4 (Due /)	
Amount	
Date Paid	

| Saved | OCT | NOV | DEC |

STATE

Quarter 1 (Due /)	
Amount	
Date Paid	

| Saved | JAN | FEB | MAR |

Quarter 2 (Due /)	
Amount	
Date Paid	

| Saved | APR | MAY | JUN |

Quarter 3 (Due /)	
Amount	
Date Paid	

| Saved | JUL | AUG | SEP |

Quarter 4 (Due /)	
Amount	
Date Paid	

| Saved | OCT | NOV | DEC |

The Freelancer's Business Planner

BILL TRACKER

Bill:											Due:	
	JAN	FEB	MAR	APR	MAY	JUN	JUL	AUG	SEP	OCT	NOV	DEC
Amount												
Date Paid												

Bill:											Due:	
	JAN	FEB	MAR	APR	MAY	JUN	JUL	AUG	SEP	OCT	NOV	DEC
Amount												
Date Paid												

Bill:											Due:	
	JAN	FEB	MAR	APR	MAY	JUN	JUL	AUG	SEP	OCT	NOV	DEC
Amount												
Date Paid												

Bill:											Due:	
	JAN	FEB	MAR	APR	MAY	JUN	JUL	AUG	SEP	OCT	NOV	DEC
Amount												
Date Paid												

Bill:											Due:	
	JAN	FEB	MAR	APR	MAY	JUN	JUL	AUG	SEP	OCT	NOV	DEC
Amount												
Date Paid												

BILL TRACKER

Bill:									Due:			
	JAN	FEB	MAR	APR	MAY	JUN	JUL	AUG	SEP	OCT	NOV	DEC
Amount												
Date Paid												

Bill:									Due:			
	JAN	FEB	MAR	APR	MAY	JUN	JUL	AUG	SEP	OCT	NOV	DEC
Amount												
Date Paid												

Bill:									Due:			
	JAN	FEB	MAR	APR	MAY	JUN	JUL	AUG	SEP	OCT	NOV	DEC
Amount												
Date Paid												

Bill:									Due:			
	JAN	FEB	MAR	APR	MAY	JUN	JUL	AUG	SEP	OCT	NOV	DEC
Amount												
Date Paid												

Bill:									Due:			
	JAN	FEB	MAR	APR	MAY	JUN	JUL	AUG	SEP	OCT	NOV	DEC
Amount												
Date Paid												

The Freelancer's Business Planner

BILL TRACKER

Bill:											Due:	
	JAN	FEB	MAR	APR	MAY	JUN	JUL	AUG	SEP	OCT	NOV	DEC
Amount												
Date Paid												

Bill:											Due:	
	JAN	FEB	MAR	APR	MAY	JUN	JUL	AUG	SEP	OCT	NOV	DEC
Amount												
Date Paid												

Bill:											Due:	
	JAN	FEB	MAR	APR	MAY	JUN	JUL	AUG	SEP	OCT	NOV	DEC
Amount												
Date Paid												

Bill:											Due:	
	JAN	FEB	MAR	APR	MAY	JUN	JUL	AUG	SEP	OCT	NOV	DEC
Amount												
Date Paid												

Bill:											Due:	
	JAN	FEB	MAR	APR	MAY	JUN	JUL	AUG	SEP	OCT	NOV	DEC
Amount												
Date Paid												

BILL TRACKER

Bill:										Due:		
	JAN	FEB	MAR	APR	MAY	JUN	JUL	AUG	SEP	OCT	NOV	DEC
Amount												
Date Paid												

Bill:										Due:		
	JAN	FEB	MAR	APR	MAY	JUN	JUL	AUG	SEP	OCT	NOV	DEC
Amount												
Date Paid												

Bill:										Due:		
	JAN	FEB	MAR	APR	MAY	JUN	JUL	AUG	SEP	OCT	NOV	DEC
Amount												
Date Paid												

Bill:										Due:		
	JAN	FEB	MAR	APR	MAY	JUN	JUL	AUG	SEP	OCT	NOV	DEC
Amount												
Date Paid												

Bill:										Due:		
	JAN	FEB	MAR	APR	MAY	JUN	JUL	AUG	SEP	OCT	NOV	DEC
Amount												
Date Paid												

The Freelancer's Business Planner

MILEAGE TRACKER

Date	Purpose	Address	Miles
/ /			
/ /			
/ /			
/ /			
/ /			
/ /			
/ /			
/ /			
/ /			
/ /			
/ /			
/ /			
/ /			
/ /			
/ /			
/ /			

Total Miles

MILEAGE TRACKER

Date	Purpose	Address	Miles
/ /			
/ /			
/ /			
/ /			
/ /			
/ /			
/ /			
/ /			
/ /			
/ /			
/ /			
/ /			
/ /			
/ /			

Subtotal	
Previous Total	
Total Miles	

The Freelancer's Business Planner

MILEAGE TRACKER

Date	Purpose	Address	Miles
/ /			
/ /			
/ /			
/ /			
/ /			
/ /			
/ /			
/ /			
/ /			
/ /			
/ /			
/ /			
/ /			
/ /			

Subtotal	
Previous Total	
Total Miles	

MILEAGE TRACKER

Date	Purpose	Address	Miles
/ /			
/ /			
/ /			
/ /			
/ /			
/ /			
/ /			
/ /			
/ /			
/ /			
/ /			
/ /			
/ /			
/ /			

Subtotal	
Previous Total	
Total Miles	

The Freelancer's Business Planner

MILEAGE TRACKER

Date	Purpose	Address	Miles
/ /			
/ /			
/ /			
/ /			
/ /			
/ /			
/ /			
/ /			
/ /			
/ /			
/ /			
/ /			
/ /			
/ /			

Subtotal

Previous Total

Total Miles

MILEAGE TRACKER

Date	Purpose	Address	Miles
/ /			
/ /			
/ /			
/ /			
/ /			
/ /			
/ /			
/ /			
/ /			
/ /			
/ /			
/ /			
/ /			
/ /			

Subtotal

Previous Total

Total Miles

The Freelancer's Business Planner

MILEAGE TRACKER

Date	Purpose	Address	Miles
/ /			
/ /			
/ /			
/ /			
/ /			
/ /			
/ /			
/ /			
/ /			
/ /			
/ /			
/ /			
/ /			
/ /			

Subtotal

Previous Total

Total Miles

The Freelancer's Business Planner

MILEAGE TRACKER

Date	Purpose	Address	Miles
/ /			
/ /			
/ /			
/ /			
/ /			
/ /			
/ /			
/ /			
/ /			
/ /			
/ /			
/ /			
/ /			
/ /			

Subtotal	
Previous Total	
Total Miles	

The Freelancer's Business Planner

MILEAGE TRACKER

Date	Purpose	Address	Miles
/ /			
/ /			
/ /			
/ /			
/ /			
/ /			
/ /			
/ /			
/ /			
/ /			
/ /			
/ /			
/ /			
/ /			
/ /			

Subtotal	
Previous Total	
Total Miles	

MILEAGE TRACKER

Date	Purpose	Address	Miles
/ /			
/ /			
/ /			
/ /			
/ /			
/ /			
/ /			
/ /			
/ /			
/ /			
/ /			
/ /			
/ /			
/ /			

Subtotal

Previous Total

Total Miles

MILEAGE TRACKER

Date	Purpose	Address	Miles
/ /			
/ /			
/ /			
/ /			
/ /			
/ /			
/ /			
/ /			
/ /			
/ /			
/ /			
/ /			
/ /			
/ /			

Subtotal	
Previous Total	
Total Miles	

MILEAGE TRACKER

Date	Purpose	Address	Miles
/ /			
/ /			
/ /			
/ /			
/ /			
/ /			
/ /			
/ /			
/ /			
/ /			
/ /			
/ /			
/ /			
/ /			

Subtotal

Previous Total

Total Miles

The Freelancer's Business Planner

Invoiced ☐   Paid ☐

PROJECT _____
CLIENT _____

Date	Notes	Start Time	End Time	Total Time
/ /		:	:	
/ /		:	:	
/ /		:	:	
/ /		:	:	
/ /		:	:	
/ /		:	:	
/ /		:	:	
/ /		:	:	
/ /		:	:	
/ /		:	:	
/ /		:	:	
/ /		:	:	
/ /		:	:	
/ /		:	:	
/ /		:	:	
/ /		:	:	
/ /		:	:	
/ /		:	:	
/ /		:	:	
/ /		:	:	
/ /		:	:	
/ /		:	:	
/ /		:	:	

Total Time ☐

Invoiced ☐   Paid ☐

PROJECT
CLIENT

Date	Notes	Start Time	End Time	Total Time
/ /		:	:	
/ /		:	:	
/ /		:	:	
/ /		:	:	
/ /		:	:	
/ /		:	:	
/ /		:	:	
/ /		:	:	
/ /		:	:	
/ /		:	:	
/ /		:	:	
/ /		:	:	
/ /		:	:	
/ /		:	:	
/ /		:	:	
/ /		:	:	
/ /		:	:	
/ /		:	:	
/ /		:	:	
/ /		:	:	
/ /		:	:	
/ /		:	:	

Total Time

The Freelancer's Business Planner

PROJECT _____
CLIENT _____

Invoiced ☐   Paid ☐

Date	Notes	Start Time	End Time	Total Time
/ /		:	:	
/ /		:	:	
/ /		:	:	
/ /		:	:	
/ /		:	:	
/ /		:	:	
/ /		:	:	
/ /		:	:	
/ /		:	:	
/ /		:	:	
/ /		:	:	
/ /		:	:	
/ /		:	:	
/ /		:	:	
/ /		:	:	
/ /		:	:	
/ /		:	:	
/ /		:	:	
/ /		:	:	
/ /		:	:	
/ /		:	:	
/ /		:	:	

Total Time ☐

The Freelancer's Business Planner

Invoiced ☐   Paid ☐

PROJECT _____
CLIENT _____

Date	Notes	Start Time	End Time	Total Time
/ /		:	:	
/ /		:	:	
/ /		:	:	
/ /		:	:	
/ /		:	:	
/ /		:	:	
/ /		:	:	
/ /		:	:	
/ /		:	:	
/ /		:	:	
/ /		:	:	
/ /		:	:	
/ /		:	:	
/ /		:	:	
/ /		:	:	
/ /		:	:	
/ /		:	:	
/ /		:	:	
/ /		:	:	
/ /		:	:	
/ /		:	:	
/ /		:	:	

Total Time ☐

The Freelancer's Business Planner

Invoiced ☐   Paid ☐

PROJECT
CLIENT

Date	Notes	Start Time	End Time	Total Time
/ /		:	:	
/ /		:	:	
/ /		:	:	
/ /		:	:	
/ /		:	:	
/ /		:	:	
/ /		:	:	
/ /		:	:	
/ /		:	:	
/ /		:	:	
/ /		:	:	
/ /		:	:	
/ /		:	:	
/ /		:	:	
/ /		:	:	
/ /		:	:	
/ /		:	:	
/ /		:	:	
/ /		:	:	
/ /		:	:	
/ /		:	:	

Total Time

Invoiced ☐   Paid ☐

PROJECT _____
CLIENT _____

Date	Notes	Start Time	End Time	Total Time
/ /		:	:	
/ /		:	:	
/ /		:	:	
/ /		:	:	
/ /		:	:	
/ /		:	:	
/ /		:	:	
/ /		:	:	
/ /		:	:	
/ /		:	:	
/ /		:	:	
/ /		:	:	
/ /		:	:	
/ /		:	:	
/ /		:	:	
/ /		:	:	
/ /		:	:	
/ /		:	:	
/ /		:	:	
/ /		:	:	
/ /		:	:	

Total Time ____

Invoiced ☐   Paid ☐

PROJECT
CLIENT

Date	Notes	Start Time	End Time	Total Time
/ /		:	:	
/ /		:	:	
/ /		:	:	
/ /		:	:	
/ /		:	:	
/ /		:	:	
/ /		:	:	
/ /		:	:	
/ /		:	:	
/ /		:	:	
/ /		:	:	
/ /		:	:	
/ /		:	:	
/ /		:	:	
/ /		:	:	
/ /		:	:	
/ /		:	:	
/ /		:	:	
/ /		:	:	
/ /		:	:	
/ /		:	:	

Total Time

Invoiced ☐   Paid ☐

PROJECT _____
CLIENT _____

Date	Notes	Start Time	End Time	Total Time
/ /		:	:	
/ /		:	:	
/ /		:	:	
/ /		:	:	
/ /		:	:	
/ /		:	:	
/ /		:	:	
/ /		:	:	
/ /		:	:	
/ /		:	:	
/ /		:	:	
/ /		:	:	
/ /		:	:	
/ /		:	:	
/ /		:	:	
/ /		:	:	
/ /		:	:	
/ /		:	:	
/ /		:	:	
/ /		:	:	
/ /		:	:	

Total Time

The Freelancer's Business Planner

Invoiced ☐   Paid ☐

PROJECT
CLIENT

Date	Notes	Start Time	End Time	Total Time
/ /		:	:	
/ /		:	:	
/ /		:	:	
/ /		:	:	
/ /		:	:	
/ /		:	:	
/ /		:	:	
/ /		:	:	
/ /		:	:	
/ /		:	:	
/ /		:	:	
/ /		:	:	
/ /		:	:	
/ /		:	:	
/ /		:	:	
/ /		:	:	
/ /		:	:	
/ /		:	:	
/ /		:	:	
/ /		:	:	
/ /		:	:	
/ /		:	:	

Total Time

The Freelancer's Business Planner

Invoiced ☐   Paid ☐

PROJECT _____
CLIENT _____

Date	Notes	Start Time	End Time	Total Time
/ /		:	:	
/ /		:	:	
/ /		:	:	
/ /		:	:	
/ /		:	:	
/ /		:	:	
/ /		:	:	
/ /		:	:	
/ /		:	:	
/ /		:	:	
/ /		:	:	
/ /		:	:	
/ /		:	:	
/ /		:	:	
/ /		:	:	
/ /		:	:	
/ /		:	:	
/ /		:	:	
/ /		:	:	
/ /		:	:	
/ /		:	:	

Total Time [   ]

The Freelancer's Business Planner

Invoiced ☐   Paid ☐

PROJECT _____
CLIENT _____

Date	Notes	Start Time	End Time	Total Time
/ /		:	:	
/ /		:	:	
/ /		:	:	
/ /		:	:	
/ /		:	:	
/ /		:	:	
/ /		:	:	
/ /		:	:	
/ /		:	:	
/ /		:	:	
/ /		:	:	
/ /		:	:	
/ /		:	:	
/ /		:	:	
/ /		:	:	
/ /		:	:	
/ /		:	:	
/ /		:	:	
/ /		:	:	
/ /		:	:	
/ /		:	:	

Total Time ☐

Invoiced ☐   Paid ☐

PROJECT _____
CLIENT _____

Date	Notes	Start Time	End Time	Total Time
/ /		:	:	
/ /		:	:	
/ /		:	:	
/ /		:	:	
/ /		:	:	
/ /		:	:	
/ /		:	:	
/ /		:	:	
/ /		:	:	
/ /		:	:	
/ /		:	:	
/ /		:	:	
/ /		:	:	
/ /		:	:	
/ /		:	:	
/ /		:	:	
/ /		:	:	
/ /		:	:	
/ /		:	:	
/ /		:	:	
/ /		:	:	

Total Time ☐

Invoiced ☐   Paid ☐

PROJECT _____
CLIENT _____

Date	Notes	Start Time	End Time	Total Time
/ /		:	:	
/ /		:	:	
/ /		:	:	
/ /		:	:	
/ /		:	:	
/ /		:	:	
/ /		:	:	
/ /		:	:	
/ /		:	:	
/ /		:	:	
/ /		:	:	
/ /		:	:	
/ /		:	:	
/ /		:	:	
/ /		:	:	
/ /		:	:	
/ /		:	:	
/ /		:	:	
/ /		:	:	
/ /		:	:	
/ /		:	:	

Total Time ☐

Invoiced ☐   Paid ☐

PROJECT _____
CLIENT _____

Date	Notes	Start Time	End Time	Total Time
/ /		:	:	
/ /		:	:	
/ /		:	:	
/ /		:	:	
/ /		:	:	
/ /		:	:	
/ /		:	:	
/ /		:	:	
/ /		:	:	
/ /		:	:	
/ /		:	:	
/ /		:	:	
/ /		:	:	
/ /		:	:	
/ /		:	:	
/ /		:	:	
/ /		:	:	
/ /		:	:	
/ /		:	:	
/ /		:	:	
/ /		:	:	
			Total Time	

The Freelancer's Business Planner

Invoiced ☐   Paid ☐

PROJECT _____
CLIENT _____

Date	Notes	Start Time	End Time	Total Time
/ /		:	:	
/ /		:	:	
/ /		:	:	
/ /		:	:	
/ /		:	:	
/ /		:	:	
/ /		:	:	
/ /		:	:	
/ /		:	:	
/ /		:	:	
/ /		:	:	
/ /		:	:	
/ /		:	:	
/ /		:	:	
/ /		:	:	
/ /		:	:	
/ /		:	:	
/ /		:	:	
/ /		:	:	
/ /		:	:	
/ /		:	:	
/ /		:	:	

Total Time

The Freelancer's Business Planner

Invoiced ☐   Paid ☐

PROJECT
CLIENT

Date	Notes	Start Time	End Time	Total Time
/ /		:	:	
/ /		:	:	
/ /		:	:	
/ /		:	:	
/ /		:	:	
/ /		:	:	
/ /		:	:	
/ /		:	:	
/ /		:	:	
/ /		:	:	
/ /		:	:	
/ /		:	:	
/ /		:	:	
/ /		:	:	
/ /		:	:	
/ /		:	:	
/ /		:	:	
/ /		:	:	
/ /		:	:	
/ /		:	:	
/ /		:	:	
/ /		:	:	

Total Time

Invoiced ☐   Paid ☐

PROJECT _____
CLIENT _____

Date	Notes	Start Time	End Time	Total Time
/ /		:	:	
/ /		:	:	
/ /		:	:	
/ /		:	:	
/ /		:	:	
/ /		:	:	
/ /		:	:	
/ /		:	:	
/ /		:	:	
/ /		:	:	
/ /		:	:	
/ /		:	:	
/ /		:	:	
/ /		:	:	
/ /		:	:	
/ /		:	:	
/ /		:	:	
/ /		:	:	
/ /		:	:	
/ /		:	:	
/ /		:	:	
/ /		:	:	
/ /		:	:	

Total Time [ ]

Invoiced ☐   Paid ☐

PROJECT _____
CLIENT _____

Date	Notes	Start Time	End Time	Total Time
/ /		:	:	
/ /		:	:	
/ /		:	:	
/ /		:	:	
/ /		:	:	
/ /		:	:	
/ /		:	:	
/ /		:	:	
/ /		:	:	
/ /		:	:	
/ /		:	:	
/ /		:	:	
/ /		:	:	
/ /		:	:	
/ /		:	:	
/ /		:	:	
/ /		:	:	
/ /		:	:	
/ /		:	:	
/ /		:	:	
/ /		:	:	

Total Time [ ]

The Freelancer's Business Planner

Invoiced ☐   Paid ☐

PROJECT
CLIENT

Date	Notes	Start Time	End Time	Total Time
/ /		:	:	
/ /		:	:	
/ /		:	:	
/ /		:	:	
/ /		:	:	
/ /		:	:	
/ /		:	:	
/ /		:	:	
/ /		:	:	
/ /		:	:	
/ /		:	:	
/ /		:	:	
/ /		:	:	
/ /		:	:	
/ /		:	:	
/ /		:	:	
/ /		:	:	
/ /		:	:	
/ /		:	:	
/ /		:	:	
/ /		:	:	
/ /		:	:	

Total Time

Invoiced ☐   Paid ☐

PROJECT
CLIENT

Date	Notes	Start Time	End Time	Total Time
/ /		:	:	
/ /		:	:	
/ /		:	:	
/ /		:	:	
/ /		:	:	
/ /		:	:	
/ /		:	:	
/ /		:	:	
/ /		:	:	
/ /		:	:	
/ /		:	:	
/ /		:	:	
/ /		:	:	
/ /		:	:	
/ /		:	:	
/ /		:	:	
/ /		:	:	
/ /		:	:	
/ /		:	:	
/ /		:	:	
/ /		:	:	

Total Time

The Freelancer's Business Planner

Invoiced ☐   Paid ☐

PROJECT
CLIENT

Date	Notes	Start Time	End Time	Total Time
/ /		:	:	
/ /		:	:	
/ /		:	:	
/ /		:	:	
/ /		:	:	
/ /		:	:	
/ /		:	:	
/ /		:	:	
/ /		:	:	
/ /		:	:	
/ /		:	:	
/ /		:	:	
/ /		:	:	
/ /		:	:	
/ /		:	:	
/ /		:	:	
/ /		:	:	
/ /		:	:	
/ /		:	:	
/ /		:	:	
/ /		:	:	
/ /		:	:	

Total Time

Invoiced ☐   Paid ☐

PROJECT _____
CLIENT _____

Date	Notes	Start Time	End Time	Total Time
/ /		:	:	
/ /		:	:	
/ /		:	:	
/ /		:	:	
/ /		:	:	
/ /		:	:	
/ /		:	:	
/ /		:	:	
/ /		:	:	
/ /		:	:	
/ /		:	:	
/ /		:	:	
/ /		:	:	
/ /		:	:	
/ /		:	:	
/ /		:	:	
/ /		:	:	
/ /		:	:	
/ /		:	:	
/ /		:	:	

Total Time ☐

The Freelancer's Business Planner

Invoiced ☐   Paid ☐

PROJECT
CLIENT

Date	Notes	Start Time	End Time	Total Time
/ /		:	:	
/ /		:	:	
/ /		:	:	
/ /		:	:	
/ /		:	:	
/ /		:	:	
/ /		:	:	
/ /		:	:	
/ /		:	:	
/ /		:	:	
/ /		:	:	
/ /		:	:	
/ /		:	:	
/ /		:	:	
/ /		:	:	
/ /		:	:	
/ /		:	:	
/ /		:	:	
/ /		:	:	
/ /		:	:	
/ /		:	:	
/ /		:	:	
/ /		:	:	

Total Time

Invoiced ☐   Paid ☐

PROJECT _____
CLIENT _____

Date	Notes	Start Time	End Time	Total Time
/ /		:	:	
/ /		:	:	
/ /		:	:	
/ /		:	:	
/ /		:	:	
/ /		:	:	
/ /		:	:	
/ /		:	:	
/ /		:	:	
/ /		:	:	
/ /		:	:	
/ /		:	:	
/ /		:	:	
/ /		:	:	
/ /		:	:	
/ /		:	:	
/ /		:	:	
/ /		:	:	
/ /		:	:	
/ /		:	:	

Total Time [ ]

INVOICE TRACKER

Invoice #	Client	Amount	Invoiced	Payment Received
			/ /	/ /
			/ /	/ /
			/ /	/ /
			/ /	/ /
			/ /	/ /
			/ /	/ /
			/ /	/ /
			/ /	/ /
			/ /	/ /
			/ /	/ /
			/ /	/ /
			/ /	/ /
			/ /	/ /
			/ /	/ /
			/ /	/ /
			/ /	/ /
			/ /	/ /
			/ /	/ /
			/ /	/ /
			/ /	/ /
			/ /	/ /
			/ /	/ /
			/ /	/ /
			/ /	/ /
			/ /	/ /

The Freelancer's Business Planner

INVOICE TRACKER

Invoice #	Client	Amount	Invoiced	Payment Received
			/ /	/ /
			/ /	/ /
			/ /	/ /
			/ /	/ /
			/ /	/ /
			/ /	/ /
			/ /	/ /
			/ /	/ /
			/ /	/ /
			/ /	/ /
			/ /	/ /
			/ /	/ /
			/ /	/ /
			/ /	/ /
			/ /	/ /
			/ /	/ /
			/ /	/ /
			/ /	/ /
			/ /	/ /
			/ /	/ /
			/ /	/ /
			/ /	/ /
			/ /	/ /

The Freelancer's Business Planner

INVOICE TRACKER

Invoice #	Client	Amount	Invoiced	Payment Received
			/ /	/ /
			/ /	/ /
			/ /	/ /
			/ /	/ /
			/ /	/ /
			/ /	/ /
			/ /	/ /
			/ /	/ /
			/ /	/ /
			/ /	/ /
			/ /	/ /
			/ /	/ /
			/ /	/ /
			/ /	/ /
			/ /	/ /
			/ /	/ /
			/ /	/ /
			/ /	/ /
			/ /	/ /
			/ /	/ /
			/ /	/ /
			/ /	/ /
			/ /	/ /
			/ /	/ /
			/ /	/ /

INVOICE TRACKER

Invoice #	Client	Amount	Invoiced	Payment Received
			/ /	/ /
			/ /	/ /
			/ /	/ /
			/ /	/ /
			/ /	/ /
			/ /	/ /
			/ /	/ /
			/ /	/ /
			/ /	/ /
			/ /	/ /
			/ /	/ /
			/ /	/ /
			/ /	/ /
			/ /	/ /
			/ /	/ /
			/ /	/ /
			/ /	/ /
			/ /	/ /
			/ /	/ /
			/ /	/ /
			/ /	/ /
			/ /	/ /
			/ /	/ /
			/ /	/ /

The Freelancer's Business Planner

INVOICE TRACKER

Invoice #	Client	Amount	Invoiced	Payment Received
			/ /	/ /
			/ /	/ /
			/ /	/ /
			/ /	/ /
			/ /	/ /
			/ /	/ /
			/ /	/ /
			/ /	/ /
			/ /	/ /
			/ /	/ /
			/ /	/ /
			/ /	/ /
			/ /	/ /
			/ /	/ /
			/ /	/ /
			/ /	/ /
			/ /	/ /
			/ /	/ /
			/ /	/ /
			/ /	/ /
			/ /	/ /
			/ /	/ /
			/ /	/ /
			/ /	/ /

Made in the USA
Columbia, SC
01 February 2022